Zhongguo Wenhua
Zhishi Duben

中国文化知识读本

故宫

主编 金开诚

编著 杨林

吉林出版集团有限责任公司
吉林文史出版社

图书在版编目（CIP）数据

故宫 / 杨林编著 .—长春：吉林出版集团有限责任公司：吉林文史出版社，2009.12（2022.1 重印）
（中国文化知识读本）
ISBN 978-7-5463-1673-4

Ⅰ .①故… Ⅱ .①杨… Ⅲ .①故宫 – 简介 Ⅳ .
① K928.74

中国版本图书馆 CIP 数据核字（2009）第 236832 号

故宫

GU GONG

主编/ 金开诚 编著/杨林

责任编辑/曹恒 崔博华 责任校对/刘姝君

装帧设计/曹恒 摄影/金诚 图片整理/董昕瑜

出版发行/吉林文史出版社 吉林出版集团有限责任公司

地址/长春市人民大街4646号 邮编/130021

电话/0431-85618717 传真/0431-85618721

印刷/三河市金兆印刷装订有限公司

版次/2009 年 12 月第 1 版 2022 年 1 月第 6 次印刷

开本/650mm×960mm 1/16

印张/8 字数/30千

书号/ ISBN 978-7-5463-1673-4

定价/34.80元

关于《中国文化知识读本》

　　文化是一种社会现象，是人类物质文明和精神文明有机融合的产物；同时又是一种历史现象，是社会的历史沉积。当今世界，随着经济全球化进程的加快，人们也越来越重视本民族的文化。我们只有加强对本民族文化的继承和创新，才能更好地弘扬民族精神，增强民族凝聚力。历史经验告诉我们，任何一个民族要想屹立于世界民族之林，必须具有自尊、自信、自强的民族意识。文化是维系一个民族生存和发展的强大动力。一个民族的存在依赖文化，文化的解体就是一个民族的消亡。

　　随着我国综合国力的日益强大，广大民众对重塑民族自尊心和自豪感的愿望日益迫切。作为民族大家庭中的一员，将源远流长、博大精深的中国文化继承并传播给广大群众，特别是青年一代，是我们出版人义不容辞的责任。

　　《中国文化知识读本》是由吉林出版集团有限责任公司和吉林文史出版社组织国内知名专家学者编写的一套旨在传播中华五千年优秀传统文化，提高全民文化修养的大型知识读本。该书在深入挖掘和整理中华优秀传统文化成果的同时，结合社会发展，注入了时代精神。书中优美生动的文字、简明通俗的语言、图文并茂的形式，把中国文化中的物态文化、制度文化、行为文化、精神文化等知识要点全面展示给读者。点点滴滴的文化知识仿佛颗颗繁星，组成了灿烂辉煌的中国文化的天穹。

　　希望本书能为弘扬中华五千年优秀传统文化、增强各民族团结、构建社会主义和谐社会尽一份绵薄之力，也坚信我们的中华民族一定能够早日实现伟大复兴！

目录

一 历史划过的痕迹

故宫始建于 1406 年（永乐四年），1420 年（永乐十八年）基本竣工，历时 14 年，明成祖朱棣始建，是在元大都宫殿的基础上兴建的。从故宫建成到 1911 年清帝逊位的约五百年间，故宫历经了明清两个朝代二十四位皇帝，是明清两朝最高统治核心的代名词。

（一）明朝——故宫建造的伊始

1403 年的大年初一，大明朝第三个皇帝朱棣，正式启用永乐作为自己的年号，历时三年的靖难之变，再一次改写了明朝的历史，揭开了中国历史新的一页。

永乐元年，明朝的都城在中国南京，而此时的北京城在大明的版图上，只是

故宫全景

故宫

故宫祥云石阶

朝廷的一个布政司，叫做北平，朱棣11岁时被封为燕王，他对这片土地怀有深深的热情。永乐元年的农历正月十三，朱棣按祖制祭祀完天地回到皇宫，当君臣们相聚一堂时，一个叫李至刚的礼部尚书，向朱棣提出建议，把都城迁往北平，朱棣非常高兴地答应了下来。

然而，1403年5月，朱棣在一次临朝时，提议迁都北平，却遭到了大臣们的强烈反对，此后，朱棣采用迂回的方式，秘密筹办迁都事宜。同年，在刚刚由北平改称为北京的城市里，来了许多江浙一带富有的商人，朝廷应允他们，移至北京生活即可免去五年的赋税，很快他们便开始了在北京的新生活。与此同时，在北京的郊区，许多农民垦荒种地，大规模的移民工程即将开始。

1406年8月，以丘福为首的一群大臣，建议在北京修建一座新的宫殿，永乐皇帝非常愉快地接受了这个建议，开始派他的心腹亲信们奔赴全国各地，为这项巨大工程做准备，这次宫殿建设的备料过程长达近十年。

在这十年中，北京逐渐成了大明王朝疆域内最热闹最庞大的建筑工地，那些由此而生的著名工地名称一直保存至今。这样一个浩大的工程中，能被历史记载下来的人，只有极少的几个，那些当年为这座宫殿付出辛劳的工匠，据说超过百万之多。他们中也不乏幸运者，有两个来自山西的工匠王顺、胡良，永乐皇帝视察工地的一天，看到了他们的彩绘。皇帝扶着王顺的肩膀，对他称赞不已。

故宫精美的窗雕

泰宁侯陈珪，泰州人，1406 年被任命为改造建设北京城及宫殿的总指挥。陈珪以前是当兵的，曾经跟过大将军徐达。后来又做了朱棣的前锋。再后来，他就做了工程师，主持修建紫禁城，即故宫。

事实证明，陈珪不仅是一个优秀的将领，而且也是一个优秀的工程管理者，他的工程管理经验，一半来源于他的军事管理经验。

永乐皇帝在写给陈珪的一封诏书里说："要善待工地上的军人和民工，饮食和作息要有规律，不要过于劳累。你

故宫是明、清两代的皇宫，堪称无与伦比的中国 古代建筑杰作

历史划过的痕迹

们要体谅我爱惜百姓的想法。"陈珪一直在北京监工，直到 1419 年去世，他没有等到紫禁城落成的那一天。

1409 年，朱棣以巡狩的名义住在中南海，从 1409 年至宫殿建成后的 1421 年间，他在北京共度过了 5 年又 8 个月的时间，这使得大明朝的决策、军事和行政系统逐渐北移。跟随朱棣来到北京的有一个叫王绂的画家，在这一时期创作了《燕京八景图》，用细腻的笔法描绘了那个时期北京的美景和风情。那一时期，北京逐渐呈现出一派欣欣向荣的景象。移民军户对郊区的屯田垦荒，使北京农业生产水平得到迅速提高，北京对

故宫屋檐一角

于这个王朝开始显得越来越重要。

1416年11月的一天，朱棣突然召集文武群臣，和颜悦色地与大家谈论起一个关于北京的敏感话题。皇上对北京宫殿的修建表现出异乎寻常的民主，而这一次群臣没有再提出反对意见，他们说："北京北枕居庸关，西靠太行山，东连山海关，南俯中原，沃野千里，山川壮丽，足以控制四方，统治天下，确实是可以绵延万世的帝王之都。"

故宫铜兽

朱棣多年处心积虑的迁都愿望，瞬间变成了君臣的合意。后世的历史学家认为，这次决定意味着中国政治中心开始北移，中国地缘政治从此发生改变，这种改变影响了中国数百年的政治格局。

关于这座宫殿建设的正式记载，在《明实录》上有这样的几句话："癸亥，初营建北京，凡庙社、宫殿、门阙，规制悉如南京，而高敞壮丽过之……至是成。"在1419年，关于这座宫殿的建

故宫城墙角落处的雕刻

设只能用文字记录。

1420 年，这座宫殿终于建成了，它是在元大都皇宫旧址上诞生的。元大都曾十分著名的延春阁被景山所取代，而整个宫殿建筑群由北往南延伸坐落在整个北京的中心地带，成为这个王朝新的神圣之地。

这里的砖瓦木石，这里的色彩，这里的空间布局，都昭示着中国人曾经的文明意志和理念。从此，这里开始历经 24 位皇帝和众多嫔妃皇子们的悲喜人生，开始上演中国历史中许多精彩的瞬间。

精美的龙浮雕

据说宫殿建好之后，意得志满的永乐皇帝把一位会推算未来的姓胡的官员找来，让他算一下以后会发生什么事。胡姓官员回答说："明年四月初八宫殿会发生火灾。"永乐帝大怒，把他关进监狱，并表示到时候若不着火就杀他人头。之后，谁都没把这个人的话放在心上，大家都沉浸在新宫殿建成后的喜悦之中。

1421年5月9日这一天，天气骤变，雷鸣电闪，三大殿被雷电击中，大火突然升起。朱棣到底有没有找官员测算新

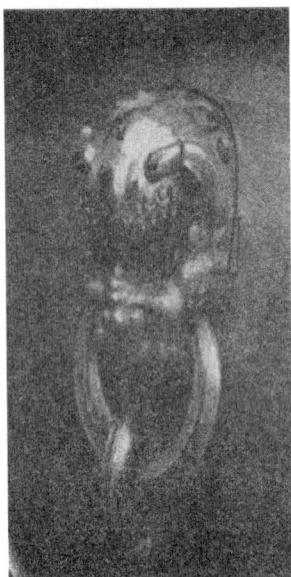

故宫铜缸兽

宫殿的未来，在历史上无法考证。

永乐皇帝在近二十年间投入大量人力、物力、财力建成的三大殿，只存在了三个月，就毁于天火。不久之后，朱棣志在消除边患发动第六次北征蒙古的行动，但是他的健康每况愈下，戎马一生的他居然从马上摔了下来，在北征蒙古的途中在榆木川走到了生命的尽头。

毁于天火的大明宫殿三大殿，在永乐时代没有再进行重修工作。之后的二十年中，曾经辉煌如梦境一般的紫禁城中央地带，是一片焦黑的废墟。

转眼间十多年过去了，正统元年（1436年），明英宗朱祁镇即位。这位实际年龄只有7岁的孩子十分崇拜他的曾祖父朱棣，他一登上皇位就做了一件他的父亲和祖父都没有做的事情——重修故宫。

这一年的秋天，朱祁镇下诏："命太监阮安、都督同知沈清、少保工部尚书吴中率军夫数万人修建京师九门城楼。"又过了五年，他正式下诏重修三大殿和乾清、坤宁二宫。下诏当日工程就正式动工。

一年半之后，故宫又完好如初，一道圣旨又昭告了天下。

北京故宫，最终成为中国明清两代统治天下的最高政治中心。一座世界建筑艺术史上独一无二的经典之作，从此傲然于世，成为我们人类历史上迄今能看到的最大的宫殿建筑群，也成为全人类共同的历史文化遗产。然而紫禁城在重新建好后，又将面对数百年中的一次又一次灾难和重建，它的故事或许才刚刚开始。

（二）清朝——盛世的脊梁

1643 年 8 月初，皇太极在盛京（今沈阳）清宁宫猝然病死，葬于昭陵，庙号太宗。皇太极死后，其第九子福临在叔父摄政睿亲王多尔衮的辅佐下继

故宫吉祥缸

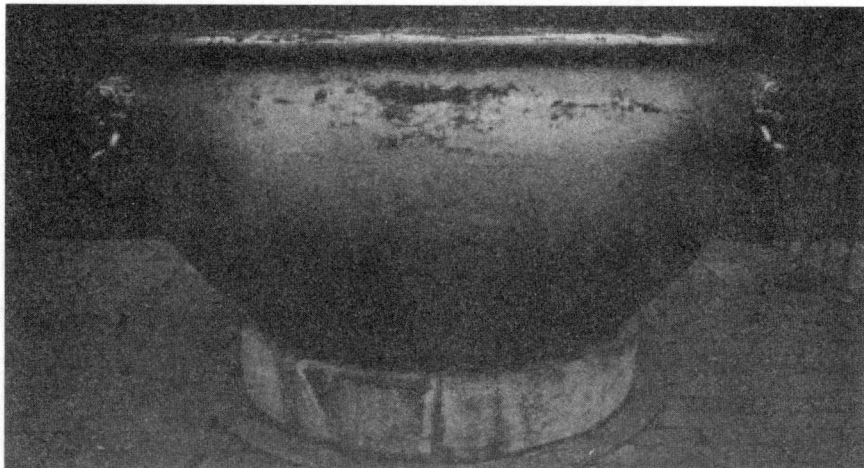

历史划过的痕迹

了帝位，改元顺治。1644年9月，在浩浩荡荡的随从队伍的陪同下，福临和他的母亲从盛京老家向北京进发，他们此行的目的地是紫禁城，顺治成为清入关后的第一位皇帝。

据《清实录》记载，当时年仅6岁的福临是在皇极门，也就是现在的太和门登基的。顺治二年，中轴线上的宫殿被一一修复，重新命名，皇极殿改名为太和殿，中极殿改名为中和殿，建极殿改名为保和殿。

对于当时还不稳定的新政权来说，一个和字，包含了他们对天下和平、君民和谐的最热切的期盼。自此以后，紫禁城的匾额上出现了满文。顺治帝在位不足18年，于1661年病逝，他没有等到他所盼望的和平盛世的到来。

顺治帝死后，他的第三子玄烨继承皇位，即康熙大帝，他是中国历史上在位时间最长的皇帝，开

故宫内红色的门廊

启了清朝的辉煌时代。

1679年，一个寒冷的冬夜，太和殿西侧的御膳房突然燃起了火光，大火一路蔓延，两小时后烧着了太和殿。几天后，引起这次火灾的六名太监被处以绞刑，此后太和殿在长达18年的时间里始终是废墟一片。此时的康熙帝正在忙于指挥各地，稳定统治，随后的16年里，康熙帝先后平定了三藩叛乱，收复台湾，打败了入侵的沙俄军队，签订了清王朝唯一一个对外平等条约《中俄尼布楚条约》。

康熙三十四年，天下终于稳定，此

故宫铜兽

故宫铜鹤

时的康熙帝也开始着手准备重建太和殿。但是，在重建过程中，他们遇到了很大的困难，太和殿的上一次重建是在明天启年间，距此相隔69年，人们不知道太和殿的确切建筑比例和数据，康熙帝曾亲自查阅书籍史料，希望从中得到解决的办法，但结果令他非常失望。

就在此时，一个叫梁九的人使这件事情发生了转机，他曾在明崇祯年间进入工部，在那里工作了四十余年。根据《梁九传》记载，梁九按照十比一的比例建造了太和殿的模型，而工匠们将这些模型组件放大制作，完成了太和殿的重建。太和殿是目前世界上最大的木质建筑。

等到雍正皇帝即位后，他并没有按照惯例住进乾清宫，而是搬进了华门外的养心殿。看到乾

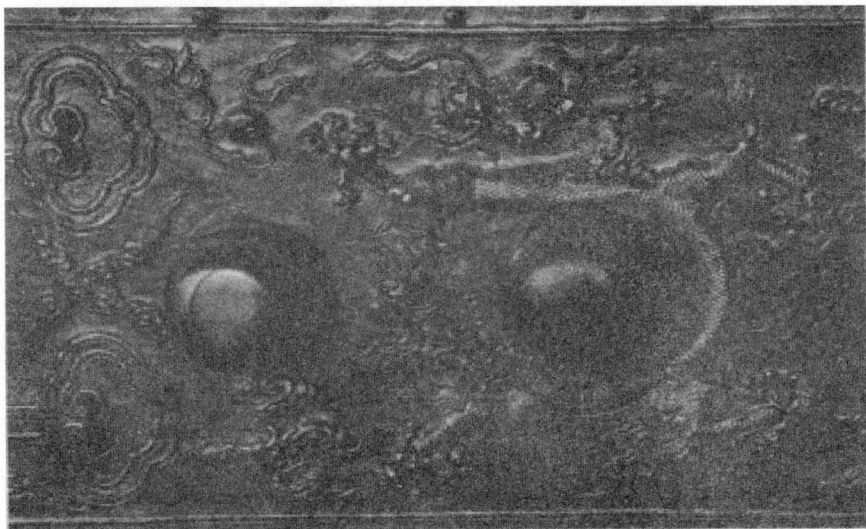
故宫内部饰以金碧辉煌的浮雕彩绘

清宫的一景一物，都让雍正皇帝想起他的父亲在这里度过的六十余年，他不忍心住进乾清宫，于是下令将养心殿略作修缮，要求一定要朴素。

雍正皇帝的决定，使故宫的布局出现了变化，养心殿的地位开始上升，在故宫中显得越来越重要。作为皇帝办公和休息的地方，养心殿的采光多少便成为修缮中的主要问题。雍正元年，清宫内务府造办处《活计档木作》记载："十月初一日，有谕旨，养心殿后寝宫，穿堂北边东西窗安玻璃二块。"当时，玻璃是非常少有的物件，全部依靠海外

进口。

从雍正皇帝开始，到清朝的灭亡，清朝有八个皇帝把养心殿作为生活起居和处理政务的地方。在这里，留下了他们各自不同的生活印记，一个小小的宫殿也经历了从盛而衰的历史变迁。

自康熙以来，到乾隆时期，清朝经历了七十多年的治理，国力强盛，农业经济发达，清王朝的封建统治达到了巅峰。乾隆皇帝开始对故宫进行大规模的改造，有两处地方的改造是和当时的政治体制联系很紧密的，其中一个就是对乾隆潜邸重华宫的改建。

雍正皇帝之前，皇太子的确立往往伴随着激烈而血腥的宫廷斗争，所以雍正皇帝便改用了秘密建储的方式，他亲笔写下两份确定皇位继承人的诏书，一份藏在乾清宫正大光明匾的背后，另一封由他随身携带。皇帝在世时秘而不宣，等皇帝死后，两相对照无误，才能对外公布，迎立新君。

乾隆皇帝作为秘密建储制上台的第一个皇帝，没有享受过一天太子的待遇，因此他要把

故宫日晷

自己的故居乾西二所地位升格，由所改为宫，不再让其他人居住，以此强调他继承皇位的正统。

重新整修后，这个三进小院的主体建筑被重新命名，分别叫做崇敬殿、重华宫和翠云馆，习惯上统称重华宫。重华宫的名字来自汉族大臣张庭玉的提议——"夫重华协帝，岂易言哉"。

重华协于帝的意义，载于《书·舜典》。重华是虞舜名，《舜典》孔颖达疏："此舜能继尧，重其文德之光华，用此德合于帝尧，与尧俱圣明也。"唐尧、虞舜是中国古代传说中的贤明帝王，唐尧推选虞舜为继任人，舜继尧位，后人以尧

故宫色彩绚丽的影壁

故宫极尽华丽的琉璃宫墙

天舜日比喻理想中的太平盛世，可见当初大学士拟重华宫的苦心。将乾隆帝喻为虞舜，颂扬其有舜之德，是当之无愧的皇帝，同时又赞颂了当年的太平盛世。

乾隆丁巳新正《重华宫》诗注："重华宫旧为西二所。雍正五年，予十七岁成婚，赐居于此。至今已七十一年矣。"乾隆皇帝在位第 60 年时谕旨："重华宫为朕藩邸时旧居，朕颇加修葺，增设观剧之所，以为新年宴请廷臣、赋诗联句、蒙古回部番众赐宴之地。来年归政后，朕为太上皇帝，率同嗣

故宫铜龟

皇帝于此胪欢展庆，太上皇帝于正殿设座，嗣皇帝于配殿设座。"这样，皇太后都临重华宫家宴，乾隆屡有诗纪重华宫侍皇太后宴膳。

故宫改造中和政治改革密切相关的第二个重要工程是修建宁寿宫。乾隆皇帝即位不久就宣布：为了不超过在位61年的祖父康熙皇帝，他将在执政60年的时候将皇位禅让给儿子。皇位交接方式的这一改变，意味着紫禁城中将首次出现退休的皇帝。

宁寿宫，就是为乾隆皇帝退休准备的养老之所。作为太上皇的宫殿，宁寿宫的级别不亚于皇帝的居所。它也分为前朝和内廷，各种配套设施

故宫铜鹤

故宫的红色大门

栩栩如生的龙纹雕饰

样样俱全，这里几乎就是一个微缩的紫禁城。

这一区域在明代是太皇太后、皇太后、太妃居住的仁寿殿和哕鸾殿。康熙二十八年在其旧址上建宁寿宫，让顺治的皇后孝惠章皇后居住在这里，其他太妃、太嫔也分别随居。乾隆三十七年决定把这里作为他退休后的居住之所，按照前朝后寝的规制进行大规模的重建，提高了其建筑等级。但是乾隆帝让位后，借着"归政仍训政"的名义把持大权，居住在养心殿不走，直到他去世。现在这里的建筑风格仍保持着乾隆时的原貌。

从明朝永乐年间到清朝乾隆年间，故宫历经三百多年的修建、改建和修缮，终于成就了今天展现在世人眼前的模样。而在故宫中演绎的历史，还将波澜壮阔地延续下去。

二 故宫的建筑构思、布局与标志性建筑

故宫是几百年前劳动人民智能和血汗的结晶，故宫的设计与建筑，是一个无与伦比的杰作，它的平面布局、立体效果，以及形式上的雄伟、堂皇、庄严、和谐，使得建筑气势雄伟、豪华壮丽，成为中国古代建筑艺术的精华。它标志着中国悠久的文化传统，显示着五百多年前匠师们在建筑上的卓越成就。

（一）故宫的建筑构思

故宫是明、清两代的皇宫，中国自古的传统观念认为，中方位置最尊贵，如《吕氏春秋》曰："择天下之中而立国，择国之中而立宫。"选择过渡的中心建宫，是最理想的位置，这正好符合《荀子·大略》所记："王者必居天下之中，礼也。"这种思想对历代都城的设计建造影响极大。

故宫，不但注意了宫城的中心位置选择，而且还注意到了周围建筑与工程的互相配合，按照周礼"左祖右

故宫铜鹿

故宫

社，前朝后市"的布局设计。宫殿的南北中轴线上，午门、端门和承天门（天安门）之间的御道外侧，东建太庙，西建社稷坛。前朝是王权的象征，主要设置朝会的庭院及典礼的殿堂，故宫中轴线上的三大殿，便是皇帝登极、颁发诏书、命将出征授印及文武百官朝贺的重要场所。

故宫内随处可见龙凤雕刻

从承天门往南至大明门的狭长地带即千步廊两侧，安置了行使国家权力的机构，因此从三大殿直到承天门，这一中轴线上的所有建筑物，其功能均与国家朝政有关，所以统称为前朝。故宫的后市在神武门外，明代的每月逢四开市，以别于皇宫其他各所。可以说，故宫在位置选择及周围建筑的布局上，是最符合《周礼·考工记》中关于宫城设计的皇权思想的，是历代宫城设计中的最佳之作。

故宫在设计构思上将其中轴线又作为北京城的中轴线向南北两方反向延长，

以此来强调和突出宫城的显赫地位。这条中轴线南至外城永定门，北抵地安门后的钟鼓楼，全长约有 7500 米，在这条中轴线上，著名的建筑有故宫前朝的三大殿和后寝的两宫一殿，其中又以奉天门为核心主殿，它象征着"帝王接受天命，代天统治群民"的含义。

设计者按照《周礼》中关于天子应有五门的说法设计，朝见天子时必须经过庭院和多重门的阻隔，随着层层深入而又层层紧缩的封闭空间，给人一种神秘而又严肃的气氛，使人感到帝王所住地方的神秘性。

设计者从外城永定门至宫城的午门之

神态威武的麒麟雕像

间，设置了多重禁门，产生了"隔则深，畅则浅"的效果，深的效果正是由于隔而有所加强。从正阳门开始层层阻隔，大明门一隔，承天门一隔，端门一隔，午门再隔，最后奉天门又是一隔，这种由空间上的重复隔断使人在心理上产生了森严与畏惧之感，这种感觉随着不断接近奉天殿而逐步加强。

此外，奉天殿前的这些建筑，充分体现了我国古代人民的智慧，组成了一个高潮迭起的艺术序列。从大明门步入宫殿的前方，悠长的御街以及御街两旁的千步廊，形成了带有极强导游性的透视线，简约而干练的处理手法尽量压低了它的气势，为雄伟的承天门作了很好的铺垫。

当靠近承天门外的金水桥，呈现在你面前的开阔的广场，让你顿时心旷神怡。外金水河桥的汉白玉栏板与河两岸的栏杆在幽红的城墙的映衬下纵横交错，在远处眺望，皇城正门宛如被袅袅的白云承托着，好似走进了仙境。再往里面前行，便是端门的前庭，在御街的两旁排列着整齐一致的朝房，平淡而严肃，它的前方则是午门。

当接近午门时，三面合围的咄咄逼人的气势迎面而来，辅之以颜色单调的红色城墙映入眼帘，使人感到莫名的紧张和压抑。进入午门后，展示在面前的是奉天门的广场，院中横贯的内金水河，向南蜿蜒成弓形卧在庭院之中。金水河上的五座石桥，白如汉玉，隔河仰望奉天门，白石须弥座承载着殿宇式的朝门，随之到来的即是故宫中级别最高的奉天殿。别样的构思设计，使得皇城的威严

“万古常春”铭文雕刻

故宫错落有致的宫殿建筑

和肃穆得到了最充分的体现，彰显出帝王统治伟大帝国的气概。

在故宫的建筑布局中，还运用了我国古代的阴阳五行学说。故宫旧时被称为紫禁城，"紫禁"二字是天上星宫紫微垣的借用。紫微垣乃天区之名，为天上三垣的中垣。

依照《步天歌》之说，紫微垣天区有星15颗，在北极为中枢，分列两侧，形成屏藩之状。在紫微垣的外围，另外两个天区还有北极、四辅、天乙、太乙、阴德、尚书、

故宫的建筑构思、布局与标志性建筑

女史、柱史、御女、天柱、大理、勾陈、六甲、天皇大帝、五帝内座、华盖、传舍、内阶、天厨、八谷、谨身、北斗辅星、天枪等星官。可见，帝王用紫禁二字以求"天人合一"，主宰宇宙。

此外，"奉天""华盖""谨身"三词既有出处，又有创意。在中国的古代哲学思想中，"天"非指"上帝"，而是宇宙的主宰者和万物的造化者。以"奉天"命名正殿，意在奉承天命、主宰万方。"华盖"即是天区中的一个星座，圆形有柄。它在紫宫后门中，在天皇星的上方，形同华盖。以其命名一殿，显然具有皇权的象征。"谨身"出自《孝

故宫一景

故宫

故宫开阔的广场

经》："用天之道，分地之利，谨身节用，以养父母，此庶人之孝也。"这大概与殿试有关，举子们在"谨身殿"参加考试，便会终身致孝了。

后三宫的命名则有"江山永固"之意。《周易·说卦》指出："乾，天也，故称乎父。坤，地也，故称乎母。"所以，乾清宫是内廷中皇帝的正宫，坤宁宫便成为内廷中皇宫的正宫，以象征天地。

颜色对于皇权来讲，也有至关重要的意义。自汉武帝确立"汉居土德"，

故宫内的院落门庭

故宫的建筑构思、布局与标志性建筑

汉白玉栏杆

黄色便成为汉朝皇权的象征，以后历朝沿袭不变，均以黄色为贵。因此故宫屋顶多用黄色，黄色属土，土居中央，代表国家。又按相生的理论，火生土，火为赤色，所以宫殿门、窗、宫墙多用红色，寓有滋生、助长之意，以示兴旺发达。

皇子所居之宫，位于东，属木，相应颜色应为绿，故均以绿琉璃瓦覆顶。神武门内东西大房，位居禁城最北，所以顶用黑琉璃瓦。

对于流经紫禁城内外的金水河，命名也以五行学说为指导，因河流是从皇城及宫中的西方流入，西方属金，金生水，所以称此河为内、外金水河。

故宫的建筑构思正是由于设计者娴熟地运用了以上各种理论和学说,才营造出这么完美的建筑,达到了出神入化的境界,无论从哪个角度去理解和分析,都有其理论依据和科学道理。

(二)故宫四门与外朝三大殿

故宫四面开门,南为午门,北为神武门,东为东华门,西为西华门。这四座城门的正楼都是采用最高等级的黄琉璃瓦,重檐庑殿式屋顶。

午门是故宫的正南门,因其正座在京城正

故宫金水河

故宫的建筑构思、布局与标志性建筑

故宫

故宫宫殿远观

故宫宫墙外幽深的街道

故宫的建筑构思、布局与标志性建筑

故宫午门

阳门南北中轴线上，居中向阳，位当子午，故称
"午门"或"午阙"。午门城台平面呈"凹"字形，
正面开三门，左右拐角处各有一掖门，因而又称"五
门"。

城台之上当中是一座重檐庑殿式正楼，面阔
9 间，宽 60 余米，纵深 3 间，加前后廊共 5 间，
深 25 米，连城台通高近 38 米，略低于太和殿，
而高于天安门。正楼左右各有明廊 3 间，原置钟、
鼓各一，左右明廊折而向南，各有 13 间通脊廊庑，
俗称"雁翅楼"。廊庑两端各建角亭一座，深广
五楹，重檐四脊，中安镏金紫铜宝顶。

故宫的北门玄武门，高 31 米，为明建筑，清

故宫神武门

康熙年间重修时，因避康熙帝玄烨之讳，改名"神武门"。神武门城楼上设钟鼓，每天黄昏鸣钟108响，然后每更打钟击鼓，至次日拂晓复鸣钟。由钦天监派员到神武门城楼上指示更点。清代皇后、妃、嫔、命妇等人去蚕坛举行亲蚕仪式等事，均出入神武门。被皇帝选中的妃、嫔等人也由此门入宫。

故宫东西两门东华门和西华门是东西相对的，但并不是处在故宫东西两面城垣的正中，而是偏南，南距故宫南垣角楼各一百多米，北距故宫北垣角楼各八百多米，这两座门属于旁门，主要是皇帝、皇太后、皇后等日常出入的门。另外，大臣及官员奏事和一般匠役通常也出入这两座门。

东华门门高32米，门外左右立有高约4米、宽1米的两座石碑，上面写"下马至此"四个字，碑身两面镌刻满、蒙、汉、回、藏五种文字。每至下马碑前，文官下轿、武官下马，然后毕恭毕敬地步行入宫。

西华门门高33米，门的南角楼贮存阅兵所用棉甲，门的北面角楼也贮存阅兵用的棉甲和盔甲。西华门外也立有与东华门同样

故宫西华门

故宫太和殿

的石碑。宫中有庆典活动时，西华门供人们出入。

"三大殿"始建于明永乐十八年，最初命名为奉天殿、华盖殿、谨身殿，嘉靖四十一年易名为皇极殿、中极殿、建极殿，清顺治二年才改为至今沿用的太和殿、中和殿、保和殿之名。

太和殿俗称金銮殿，是明清两代北京城内最高的建筑。它高35.05米，加上正吻卷尾共高37.44米，比前门箭楼还高出1米多，殿面宽11间，进深5间，建筑面积达2377米，是我国现存古代建筑中规模最大的木结构殿宇。

大殿的屋顶为重檐庑殿式。庑殿顶，古代

称"四阿屋顶"，从商周时起延至明清，这种建筑形式一直只用于最尊贵的建筑上。加上重檐则更为尊贵，除在皇宫中可用于重点建筑外，其他一切建筑绝对禁止采用。太和殿的屋顶式样不但是最尊贵的，而且屋顶装饰也是最为豪华庄重的。

在太和殿室内外的梁枋上，绘着金龙和玺彩画，这种彩画等级最高。正脊两端安有龙形正吻，它们各用十三块瓦片拼成，俗称"十三拼"。这个构件高达 3.4 米，重约 2125 公斤，是古建筑中的装饰之王。

殿正面当中七间，全部安装大隔扇，仅用于隔窗，窗下用彩色龟背锦琉璃砖铁贴面的栏墙，雕龙群板、镏金面页，在朱漆油饰的衬托中，形成庄严华贵的气势。

太和殿内正中偏后的位置，在高起的须弥座式木基座上，有金漆龙椅，那是皇帝的御座，座前有香几、香炉等陈设，座后有金漆屏风。左右分列着六根巨大的蟠龙金柱，顶上正中向上凸起一个如伞盖的蟠龙藻井，神龙向下俯视，口含巨珠，庄

故宫太和殿台基上的铜龟

重而生动，捍卫着御座。

太和殿外是宽广的月台，正面石阶三出，分别陈设着 18 个镏金铜鼎，台上东西分别摆放着铜龟、铜鹤，以此来象征着龟龄鹤寿、江山永固。前左角有日晷，右角有嘉量。日晷是利用照射的方向，通过指针投影于晷面得子丑寅卯等刻度，求得时间。嘉量上下有斛、斗、升、合等几种度量。

太和殿后，"干"字形台基的中腰处的一座单檐正方形殿宇是中和殿。殿深、广各五间，攒尖式屋顶，正中镏金宝顶宛如一颗巨大的宝珠，在阳光的照耀下熠熠生辉。

故宫中和殿

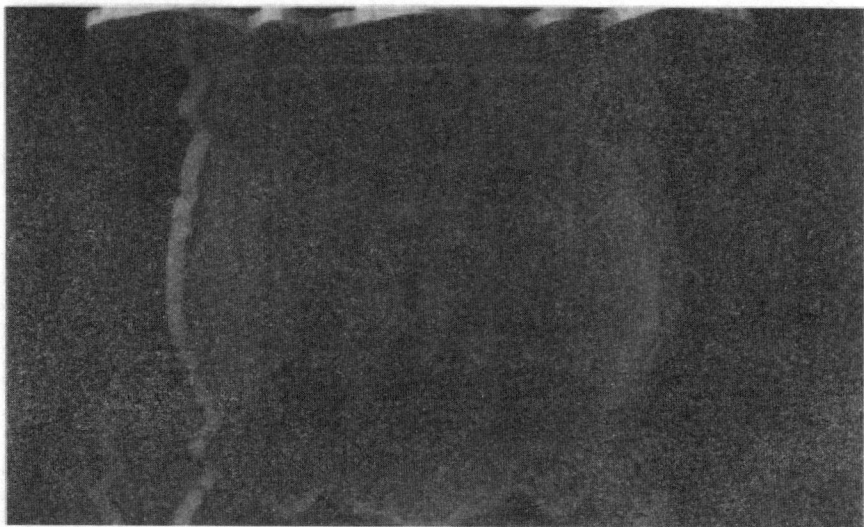

整个大殿的外廊由 20 根朱漆大柱支撑，排列整齐，气势雄伟，给中和殿添加了一种庄严之美。殿内正中设有宝座，每当大典时，皇帝先后在这里升座，接受内阁、礼部、都察院、翰林院官员行礼，受礼后再到太和殿受贺。

保和殿是三殿中最后一个殿宇，在建筑等级方面仅次于太和殿，为重檐歇山式屋顶，这种建筑形式古代称为"九脊殿"。殿宽 9 间，深 5 间，台基长 49.68 米，宽 24.97 米，它在建筑设计上采用了宋代流传下来的手法，把殿内前面的金柱减为 6 根，结构巧妙，用材灵活。

最令人赞赏的是，殿后檐采用单步梁，梁

故宫中和殿内景

架上前后不对称，童柱不等高，结构不相同，但是屋顶前后两坡却毫无分差。保和殿是清代进士殿试的地方，也是元旦及其他节日封建皇帝赐宴外藩的地方。

此外，作为三大殿的补充，在它的周围有一些附属建筑，前后左右的安排，共同构成了三大殿的环境，三大殿前有一些重要门阙，铺砌了漫长的御道，太和殿前有巨大的广场，其东西对峙着体仁、弘义二阁，好似太和殿的左右护卫。

三 内廷后三宫与故宫中的稀世藏品

1987年，故宫被联合国教科文组织列入"世界 文化遗产"名录

故宫北半部为内廷，以乾清宫、交泰殿、坤宁宫后三宫及东西六宫和御花园为中心，东西两侧还有皇极殿、养心殿、慈宁宫等，是皇帝、后妃、皇子与公主居住、举行祭祀和宗教活动以及处理日常政务的地方。

（一）内廷后三宫

乾清宫是内廷宫殿等级最高的建筑。乾清宫之后是交泰殿，殿为四角攒尖顶方形殿宇。再其后是坤宁宫，宫为重檐庑殿顶，饰以龙凤和玺彩画。室内沿山墙有通连大炕，炕沿上有矢弓。

乾清宫，内廷后三宫之一。始建于明代永乐十八年，明清两代曾数次因被焚毁而重建，现有建筑为清代嘉庆三年所建。明代的十四个皇帝和清代的顺治、康熙两个皇帝，都以乾清宫为寝宫。

他们在这里居住并处理日常政务。皇帝读书学习、批阅奏章、召见官员、接见外国使节以及举行内廷典礼和家宴，也都在这里进行。

乾清宫为黄琉璃瓦重檐庑殿顶，坐落

乾清宫宝座上方悬挂着"正大光明"的匾额

在单层汉白玉石台基之上，连廊面阔9间，进深5间，建筑面积1400平方米，自台面至正脊高20余米，檐角置脊兽9个，檐下上层单翘双昂七踩斗栱，下层单翘单昂五踩斗栱，饰金龙和玺彩画，三交六菱花隔扇门窗。殿内明间、东西次间相通，明间前檐减去金柱，梁架结构为减柱造形式，以扩大室内空间。

后檐两金柱间设屏，屏前设宝座，宝座上方悬"正大光明"匾。东西两梢间为暖阁，后檐设仙楼，两尽间为穿堂，可通交泰殿、坤宁宫。殿内铺墁金砖。殿前宽敞的月台上，

内廷后三宫与故宫中的稀释藏品

蓝天下庄严肃穆的故宫建筑

左右分别有铜龟、铜鹤、日晷、嘉量，前设镏金香炉四座，正中出丹陛，接高台甬路与乾清门相连。

乾清宫建筑规模为内廷之首，作为明代皇帝的寝宫，自永乐皇帝朱棣至崇祯皇帝朱由检，共有14位皇帝曾在此居住。由于宫殿高大，空间过敞，皇帝在此居住时曾分隔成数室。据记载，明代乾清宫有暖阁9间，分上下两层，共置床27张，后妃们得以进御。

由于室多床多，皇帝每晚就寝之处很少有人知道，以防不测。皇帝虽然居住在迷楼式的宫殿内，且防范森严，但仍不能高枕无忧。据记载，嘉靖年间发生"壬寅宫变"后，世宗移居西苑，不敢回乾清宫居住。万历帝的郑贵妃为争皇太后闹出的"红

故宫乾清宫

丸案"、泰昌妃李选侍争做皇后而移居仁寿殿的"移宫案",都发生在乾清宫。

清代康熙以前,这里沿袭明制,自雍正皇帝移住养心殿以后,这里即作为皇帝召见廷臣、批阅奏章、处理日常政务、接见外藩属国陪臣和岁时受贺、举行宴筵的重要场所。一些日常办事机构,包括皇子读书的上书房,也都迁入乾清宫周围的庑房,乾清宫的使用功能大大加强。

乾清宫内正间中央有一块方形平台,设有金漆雕龙宝座和屏风。金漆雕龙屏风上有康熙帝辑录的《尚书》《诗经》《周易》的名句:"惟

内廷后三宫与故宫中的稀释藏品

乾清宫设有金漆雕龙宝座和屏风

天聪命，惟圣时宪，惟臣钦若，惟民从义。"这些名句概括了封建统治的全部权术。

宝座前红柱上面有对联："表正万邦，慎厥身修思永；弘敷五典，无轻民事惟艰。"此联是康熙帝集《尚书》句所题，乾隆帝临摹的。

雍正元年曾下诏，密建皇储的建储匣存放乾清宫"正大光明"匾后。康熙、乾隆两朝这里也曾举行过千叟宴。现为宫廷生活原状陈列。

在清代，乾清宫还是皇帝死后停放灵柩的地方，不论皇帝死在什么地方，都要先把他的灵柩（叫梓宫）运到乾清宫停放几天。顺治皇帝死在养心殿，康熙皇帝死在畅春园，雍正皇帝死在圆明园，咸丰皇帝死在避暑山庄，都曾把他们的灵柩运回乾清宫，按照规定的仪式祭奠以后，再停到景山寿皇殿等处，最后选定日期正式出殡，葬入河北省遵化县的清东陵或易县的清西陵。

交泰殿位于乾清宫与坤宁宫之间。乾隆十三年（1748年），乾隆皇帝把象征皇权的二十五玺收存于此，遂成为储印场所。同时，这里又是清代皇后举礼受贺的地方，皇后的册、宝也存放此处。皇帝统驭天下，而皇后主内。交泰之名即寓乾坤

故宫交泰殿

内廷后三宫与故宫中的稀释藏品

相交、天地合会、国家上下风化相通、长治久安之意。

殿平面呈方形，面阔进深均为三间，黄琉璃瓦四角攒尖镏金宝顶，小于中和殿。殿中设有宝座，宝座后有四扇屏风，上有乾隆御笔《交泰殿铭》。殿顶内正中为八藻井。清代封皇后，授皇后"册""宝"的仪式都在这里举行。

每年元旦、冬至、千秋（皇后生日）三大节日，皇后要在交泰殿举行典礼，接受皇贵妃、贵妃、妃、嫔、公主、福晋（亲王、郡王的妻子）等的朝贺。清顺治鉴于明代宦官专权的教训，规定太监不得干预朝政，同时把御旨铸成铁牌竖于殿中。

殿内存放二十五宝：二十五宝是皇帝行使权力的印章，乾隆十三年（1748年），皇帝将代表皇权的二十五宝存放在交泰殿。这些玉玺由内阁掌握，由宫殿监的监正管理，用时须请示皇帝，经许可后方可使用。

交泰殿内景

内廷后三宫与故宫中的稀释藏品

故宫铜壶滴漏

存放在这里的每方宝玺各有不同的用途："皇帝之宝"用于颁发诏书、录取进士时公布皇榜；"制法之宝"和"命德之宝"用于谕旨臣僚和奖励官吏；"制驭六师之宝"用于军事。宝玺置于宝盒内，上面覆盖着黄绫。现在，宝盒仍按原来的位置陈设在交泰殿。

铜壶滴漏：也可称为漏壶，是中国古代的计时器。早在三千年前，中国人就发明了用水滴漏的计时方法。陈列在交泰殿的铜壶滴漏，是乾隆十年（1745年）制造的。

大自鸣钟：交泰殿内陈列的大自鸣钟，

故宫大自鸣钟

是嘉庆三年（1798年）由清宫造办处制造的。其外壳是仿中国式楼阁型的木柜，通高5.8米，共分上中下三层。钟楼背面有一小阶梯，登上阶梯，可以给自鸣钟上弦。自鸣钟走动后，可按时自动打点报刻。现在，这座自鸣钟已经历过二百多个年头，却仍能正常准确地走动，打点报刻时，声音清脆宏亮。由此可见它的制造工艺非常精良。

坤宁宫的"坤宁"来源于《周易》："坤，地也，故称乎母。"《老子》："地得以宁。"坤宁与乾清象征着天清地宁统治长久。坤宁宫是明清两朝皇后的中宫。

坤宁宫地阔9间，室内为7间，最西是西暖阁，这是一间有窗无门的房间，供贮佛亭用，中间4间是祭神吃肉的场所，东间2间称作东暖阁，是皇帝大婚时的洞房，现在仍然保留着光绪帝大婚时的样子。

洞房四周墙壁皆是红色，地上原有龙凤双喜花纹的五彩地衣，洞房顶上高吊着双喜字大宫灯，使房内红光辉映，喜气满堂。室内南面窗前通连大炕上也铺有与喜床同一风格的大红缎绣双喜字大坐褥两条，炕上中间紫檀木桌上有蜜珀制作的凤凰。

故宫坤宁宫

故宫

　　清朝按照满族遗风，在坤宁宫西间每天祭神吃肉，其礼俗源自金。坤宁宫之祭有日祭、月祭、祭天、报祭、求福祭、四季求福祭，以及在每年仲春、秋朔、元旦次日三次大祭，十二月二十三日神祭。

　　皇帝皇后为了保佑皇家婴儿平安，每年还要在坤宁宫举行柳树枝求福之祭。除了斋日和禁止屠宰日以外，每日祭神。祭神最重要的祀典是仲春、秋朔及元旦次日的三大祭。届时，皇帝、皇后、皇太后要亲自祭祀坤宁宫庭院东南的天神杆，钦派内外藩王、贝勒、贝子、六部正卿陪祭。

故宫汉白玉栏杆

坤宁宫明间沿着墙南、西、北之间有环形大炕，西大炕供朝祭神位，北炕供夕祭神位。西墙上悬挂有高丽布袋，俗称子孙袋，袋内装有男女幼婴更换下来的旧锁。

坤宁宫每祭必有猪、献糕、贡酒。例如春秋大祭，每祭用猪 39 头。朝祭肉不得出宫门，故每日皆散给大臣及侍卫等分食，每日五更天乾清门太监就喊叫："诸大人吃肉！"当时称为"叫肉"。

听到"叫肉"声，乾清门侍卫等，皆至坤宁宫，从南窗下，每人拿一块白心红边的垫子，放在宫灯前，向西一叩首，然后坐下。有太监拿出一盘大块祭肉，盐一碟，于是用刀割肉吃，吃完把盘子一举，有太监接过去。每日吃肉由散秩大臣等领班。

（二）故宫中的稀世珍品

在将近600年的历史岁月中，就在故宫的宫殿里，书画传递着华夏文化的审美价值和观念，而瓷器制品，有火的刚烈、水的优雅和土的敦厚。今天，这些珍贵的文化遗产已然深入我们这个民族的内心世界，它们经历了多少次战火、水患和人祸，仍然奇迹般地保全了下来，证明着一个古老民族文明的传承。

在中国历代皇宫都有收藏珍贵文物的传统，明清两代的收藏更是达到了顶峰。1925年，我国在明清两代皇宫收藏的基础上建立了故宫

故宫收藏有大量的古代艺术珍品

内廷后三宫与故宫中的稀释藏品

故宫玉器

博物院，现故宫博物院有近百万件藏品，可谓金珠翠玉，奇珍异宝，天下财富，尽聚于此。

故宫馆藏类别主要是古籍善本、陶瓷、绘画、书法、青铜器、玺印、织绣、文房四宝、钟表、玉器等。其中书法和绘画将近10余万件，金属器3万多件，陶瓷35万件，玉器、玻璃器、珐琅等15万件。故宫内除了原状陈列的各个重要宫殿外，还在原有的宫殿中设立了专门的陈列馆，供游人欣赏。

故宫珍宝馆里，有两组珍宝十分引人

瞩目。一组是碧绿晶莹、雕琢精细的青玉特磬，一组是璀璨熠耀、造型优美的金编钟。

磬与钟均是我国古代的乐器，前者始于商代（一说始于殷代），后者始于西周中期。用于单一击奏的，称为"特磬""特钟"；十几个大小依次成组的，称为"编磬""编钟"。珍宝馆陈列的十二枚特磬，前后皆有用金粉描绘的飞龙戏珠纹饰和框金篆字款识，是清乾隆二十六年（1761年）前后，苏州玉工奉

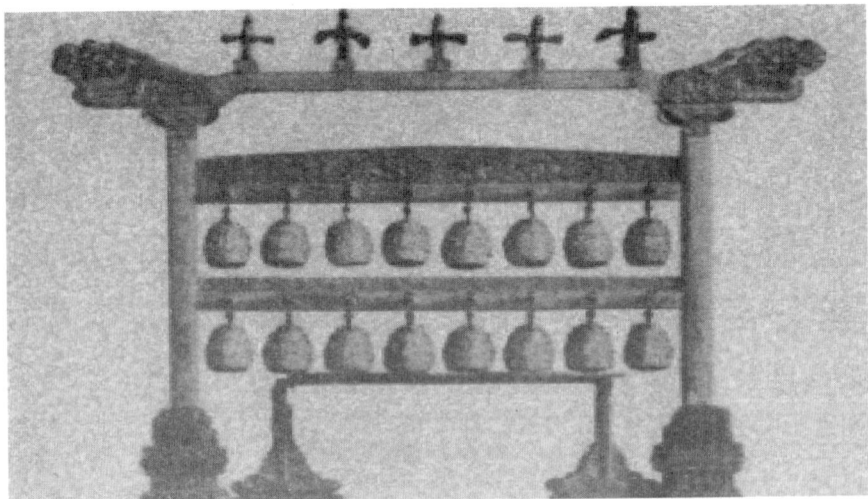

故宫珍宝馆中的编钟

旨用上等和滇青玉琢成的。

据史料记载，当时共雕琢玉磬 161 块，用工九万二千多个。展出的十二枚特磬，按照农历正月至十二月的顺序。依次为太簇、夹钟、姑洗、仲吕、蕤宾、林钟、夷则、南吕、无射、应钟、黄钟、大吕十二律。因其大小厚薄有异，故敲击时可发出准确的高低声，按时按月悬挂一枚于磬架，以作定音之用。

珍宝馆中的编钟，共 16 只，全部用黄金铸成。历来封建统治者都是用铜铸钟。乾隆五十五年（1790 年），各省总督为给弘历皇帝 80 岁生日祝寿而用聚敛来的黄金铸造了这 16 只金钟，一则用来邀宠，二则用以炫耀盛世豪富。

金编钟造型很像粗矮的腰鼓，正面分别开光阳刻太簇、夹钟……倍夷则、倍南吕、倍无射、倍应钟16个音律的名称。背面皆镌刻着"乾隆五十五年制"的款识。通体阳刻两只威武矫健、栩栩如生的飞龙，脚踏滔滔大海，头顶朵朵浮云，互相追逐，戏耍火珠。

上边有两只躬身蟠龙作纽，下边雕刻角云和八个平头音乳。其中最重的倍无射，达34400克；最轻的倍应钟，也有19865.625克。整套编钟共用黄金四百八十多公斤，按当时的粮价折算，可折合大米一千万公斤，等于五万农民全年的口粮。

编磬和编钟是中和韶乐曲的组成部分。清

故宫文物编钟

内廷后三宫与故宫中的稀释藏品

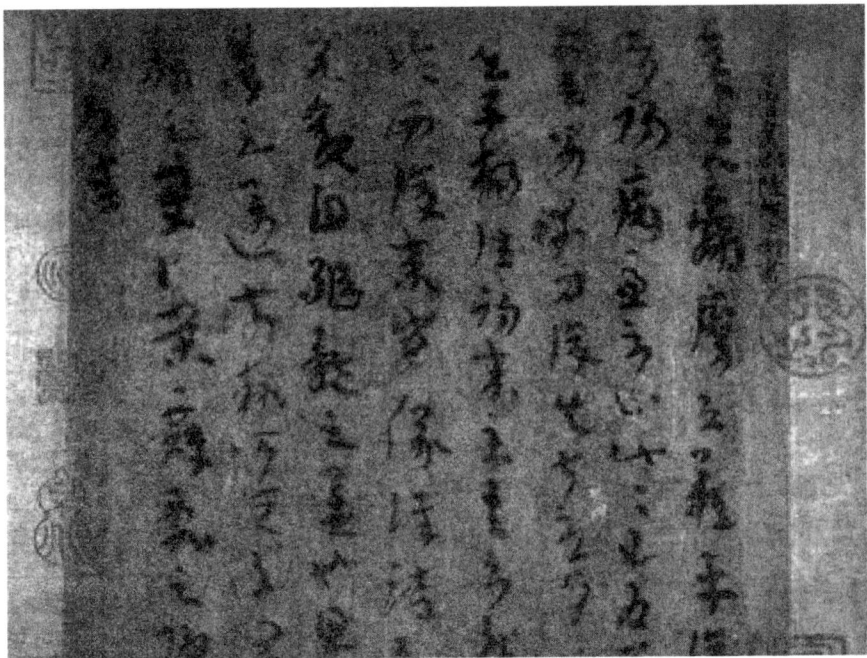

陆机《平复贴》

代，遇宫廷祭祀、朝会、飨宴等大典时，置金钟于太和殿檐下，置玉磬于太和殿的西檐下，与琴、瑟、箫等协作演奏乐章。届时以钟发声，以磬收韵，金声玉振，清越以长，非常悦耳动听。

绘画馆位于皇极殿西庑房，典藏历代绘画作品，其中有近千件属于国家一级文物。

这里几乎囊括了中国绘画史上所有的名家名品。有不少为稀世珍品，如晋代陆机《平

顾恺之《洛神赋图卷》（局部）

韩滉《五牛图卷》

复帖》、王珣《伯远帖》、顾恺之《洛神赋图卷》、隋代展子虔《游春图卷》、唐代韩滉《五牛图卷》、杜牧《张好好诗卷》、张择端的《清明上河图》等，除了绘画珍品外，还收藏着颜真卿、柳公权、欧阳询、苏轼、蔡襄等大书法家的真迹。

在故宫中收藏有我国现存最早的书法珍藏，即王珣的《伯远帖》与王献之的《中秋帖》。两贴历经了几个世纪的重重劫难，终于回到祖国，其中的曲折经历可以说是一部传奇。

这两贴在北宋时已藏于内府，上有宋徽宗的题签与收藏印，在当时就已经身价不凡，后来经过战乱，这两帖流落到了民间，成为董其昌等人的私藏。乾隆时期，两贴被网罗到宫中，

王洵《伯远帖》

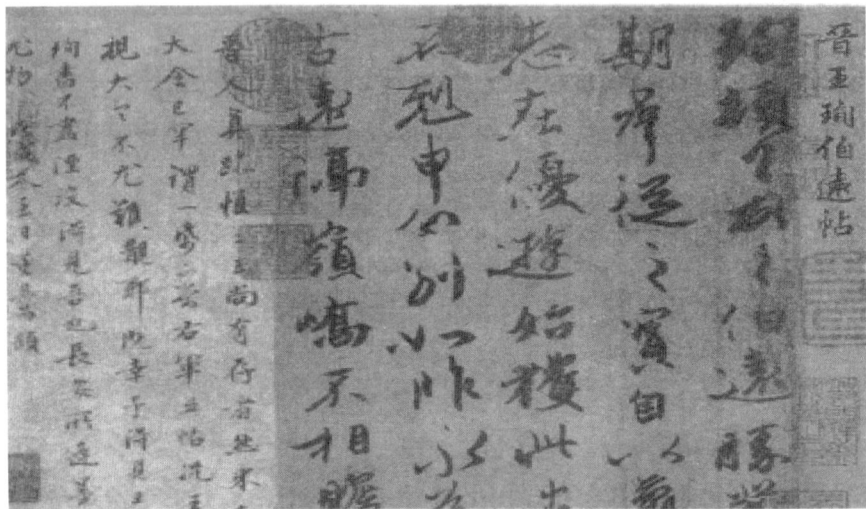

王羲之《快雪时晴帖》

经过重新装帧、题字后与王羲之的《快雪时晴贴》一并珍藏于养心殿西暖阁书斋，并赐名"三希堂"。

1924 年溥仪出宫时，将《伯远帖》和《中秋帖》带到宫外，两贴最终流落到了香港，被人典当给一家外国银行。到 1951 年典当限期即将期满之前，为了避免两贴被拍卖，周总理特别指示，不惜代价让国宝回归祖国。为此，文化部派专人到港，以重金将两贴赎回，藏于故宫之中。

内廷后三宫与故宫中的稀释藏品

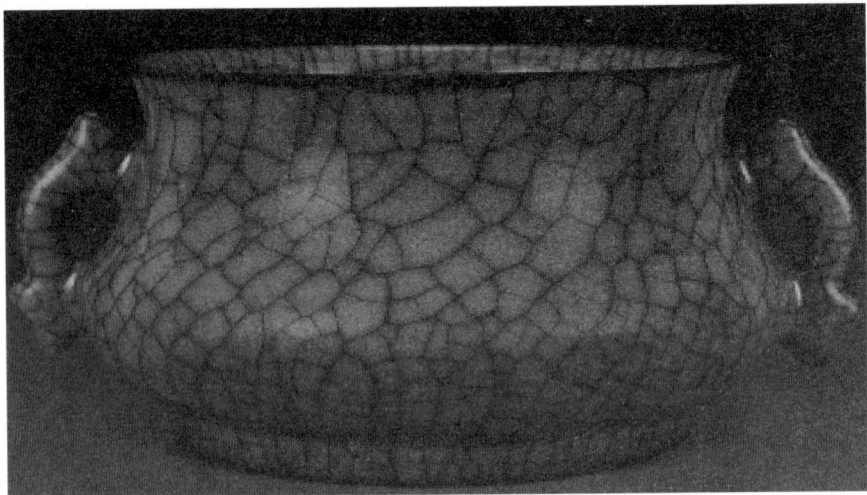

哥窑鱼耳炉

陶瓷馆在永和宫与承乾宫后殿，珍藏陶瓷器约有34万件，反映了8000年来中国陶瓷生产绵延不断的历史。在馆内藏有宋代五大名瓷和明清官窑瓷器。无论在质量上还是数量上，在世界上都首屈一指。

其中许多藏品是闻名于世的精品，如唐代的邢窑白釉葵花碗、宋代的汝窑三足樽、哥窑鱼耳炉、宫窑弦纹瓶、钧窑月白釉出戟樽、龙泉窑青釉凤耳瓶、元代蓝釉白龙纹盘、明代永乐青花压手杯、宣德青花梵文出戟盖罐、清代康熙紫红地珐琅彩缠枝莲纹瓶、雍正珐琅彩雉鸡牡丹纹碗、乾隆各色釉彩大瓶等。

此外，在故宫中还有珍贵的皇室象牙席。象牙席的编织制作历史悠久，据古文献记载，象牙劈丝织席技术最早出现于汉代。清代皇宫中的象牙雕刻与牙丝编织工艺，大多来自于广州，由朝臣官员贡入，另外也有一些官员向当地土司购买，容纳后进献皇宫内廷。

在北京故宫珍藏的象牙制品中，有两张纹质细腻、色泽洁白、伸缩柔软、编织精巧的象牙席。其中一张象牙席长

象牙和象牙席

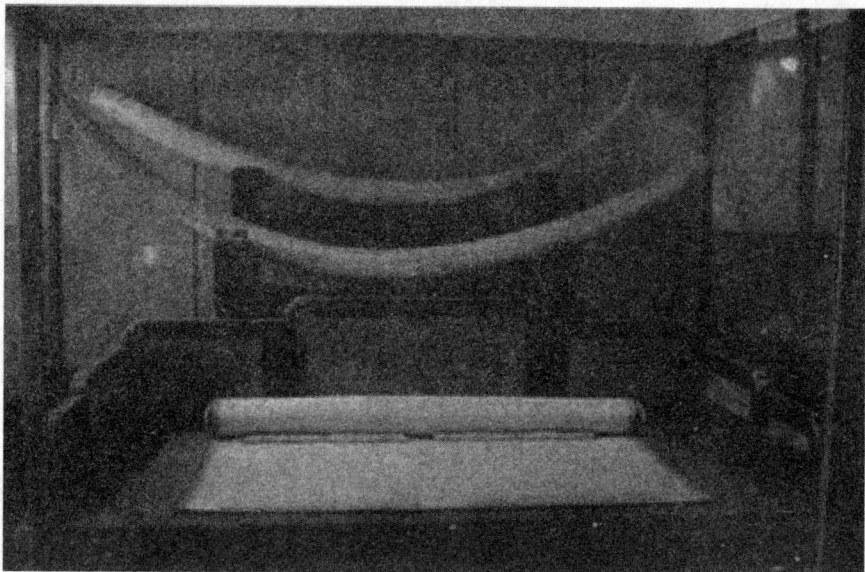

内廷后三宫与故宫中的稀释藏品

2.16 米、宽 1.39 米；另一张长 2.10 米，宽 1.32 米；反面包裹着枣红色绫缎，席的四周沿包裹蓝色缎边。

象牙席的编织过程非常复杂，须先从脆硬的象牙上劈下厚薄均匀的如竹篾薄片，宽不足 0.3 厘米，然后将其薄片窄条精工打磨，直至牙片呈现洁白的光泽为止，再按"人"字形花纹进行编织。这样编织出来的象牙席，纹理细密，表面光滑，夏天铺垫时比草席、竹席更为凉爽，不愧是清朝宫中十分珍贵的工艺品和生活用品。

故宫珍藏的外国钟表

在故宫中还珍藏着外国钟表百余件，有英国、法国、德国、瑞士、日本等国制造的钟表，其中英国钟表在数量上居于首位。在当年清宫收藏的伦敦钟表之中，以考克斯的作品为最多。

考克斯的作品大概有二十多件，他不仅制造钟表的技术高明，而且熟悉东方艺术，擅长以鹿、梅花灯设计具有中国风格的座钟，有的镶嵌珍珠、宝石，有的镶嵌各色玻璃料石、红绿假宝石花纹；还有的饰以镀金和珐

故宫博物馆俯瞰

琅绘彩，风格华丽。

　　清宫内 18、19 世纪钟表数以千计。当时每一种钟生产数量极少，有的只生产一两件，加之材美工巧，使这些钟表成为艺术性计时器。而宫廷对钟表的需求量极大，凡生活起居之宫殿，到处都安置有大小样式各异的钟表，清代皇帝是伴随着钟表的滴答声起居生活和处理政务的。

　　故宫的钟表馆陈列着绚丽多彩、金光闪烁、琳琅满目的清朝时期各式钟表二百余件，它们以其设计新颖、结构先进、机械复杂，吸引着成千上万的中外游客。

四　故宫中的宗教仪式

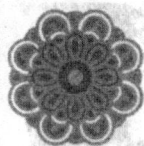

故宫钦安殿龙纹望柱头

宫廷历来是宫闱禁地，宫廷生活对老百姓来说总是充满神秘的。宫廷中的宗教活动，就更鲜为人知、神秘莫测了。明清两代宫廷中种种宗教活动频繁，在庄严肃穆的朝堂后面，还有一个多种宗教文化形态的神佛世界，对这些神秘仪式的解读，可以让我们了解明清时代人们的宗教世界以及当时统治者的精神欲求。

（一）道教仪式的举行

明代，道教在宫中盛极一时，尤其以明世宗嘉靖帝为代表。现存宫中的两大道场——钦安殿和玄穹宝殿就是明代的旧址。到了清朝时期，道教在宫中的地位衰落，但是作为中国土生土长的宗教形式，道教历史悠久，影响仍然很大，因而宫中的道场活动也就维持到了清朝末期。

钦安殿位于御花园正中、南北中轴线上，始建于明代永乐时期，当时并不做道场使用。明代是真武大帝声势显赫、

故宫的建筑设计堪称无与伦比

民间信仰最为普遍的时期。明朝初期，朱元璋的儿子燕王朱棣发动"靖难之变"，夺取了皇位。传说在燕王的整个行动中，真武大帝都曾显灵相助，因此朱棣登基后，即下诏特封真武为"北极镇天真武玄天上帝"，并大规模地修建武当山的宫观庙堂，建成八宫二观、三十六庵堂、七十二岩庙、三十九桥、十二亭的庞大道教建筑群，使武当山成为举世闻名的道教圣地，并在天柱峰顶修建"金殿"，奉祀真武大帝神像。

因帝王的大力提倡，真武大帝的信仰在明代达到了鼎盛阶段。明嘉靖十四年(1535年)

故宫一角

故宫太和门

夕阳下的故宫建筑

添建墙垣后自成格局，从此钦安殿便作为道场使用，用来供奉玄天大帝。清乾隆年间曾在前檐接盖抱厦三间，后拆除。

钦安殿的南门为天一门，殿的重檐上设有金宝顶，形状奇特，别出心裁，台基石栏及御道的雕刻非常精美，显示出明代建筑工艺的非凡成就。在钦安殿的四周围绕着平矮的围墙，独立成院，在院内种有青竹古柏，环境优雅。

每年的立春、立夏、立秋、立冬日，负责祭拜工作的大臣官员便在这里摆好供案，奉春、夏、秋、冬四神牌，恭候皇帝前来烧香行礼，每年的年节和八月初六到十八日，是"天祭"，这里就设下道场，道官率领众道士做法事。

在明朝时期，无论职位高低，上自皇帝下至太监宫女，都可以在这里做法事。到了清朝，这项制度变得严格起来，康熙帝则下令这里专门由皇帝、皇后使用，太监和宫女不能以任何名目擅自做主在这里做法事。

钦安殿内的中央位置供奉着三尊玄天大帝的巨型铜像。玄天即北方之神玄武，北方七宿，其形如龟蛇，龟蛇即玄武。宋时避讳改玄为真，称真武帝。道教经书中描绘真武的形象是披发黑衣，金甲玉带，仗剑怒目，足踏龟蛇，顶罩圆光，形象十分威猛。

　　据《元始天尊说北方真武妙经》记载，真武帝君原来是净乐国太子，生而神灵，察微知运。长大成人后十分勇猛，唯务修行，发誓要除尽天下妖魔，不愿继承王位。后遇紫虚元君，授以无上秘道，遂越游东海，又遇天神授以宝剑。入武当（太和山）修炼。居四十二年功成圆满，白日飞升，玉帝下令敕镇北方，统摄玄武之位，并将太和山易名为武当山，意思是"非玄武不足以当（挡）之"。

　　玄天大帝又为主持兵事的剑仙之主，地位仅次于剑仙之祖广成剑仙。真武兴盛于宋代，至元代又被晋升为元圣仁威玄天上帝，明成祖时地位更加显赫。有

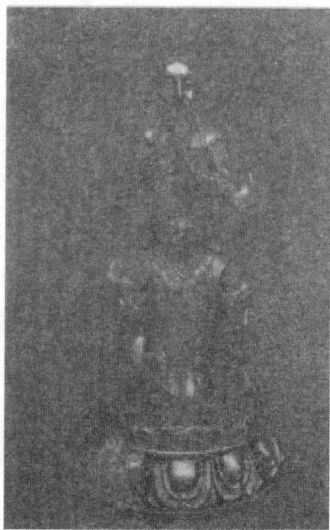

玄天大帝像

故宫天穹宝殿外景

关玄武的传说中，又皆称龟蛇乃六天魔王以坎离二气所化，然被真武神力蹑于足下，成为其部将，后世称之为龟蛇二将。

玄天上帝与广成剑仙、纯阳真人合称道教密宗三大剑仙。玄天上帝每每斩妖除魔都御剑出行，就因为御剑天遁比腾云驾雾来得快。在阴阳五行中，北方属水，黑色叫做玄，身披铠甲，作武士打扮，故叫做武。

玄天大帝主水，所以在以木结构为主，极易失火的宫廷中成为建筑的守护

神，不仅如此，由于水能生木，所以又成为
四季变化的主宰神，在清宫里地位极高。这
三尊正中的一尊神是明代铸造的，其他两尊
是清代的作品。钦安殿内的东西两旁设有钟、
鼓，后墙有道教的壁画，均为玄天大帝扈从
的形象，这也是清朝宫廷里唯一的一幅道教
壁画。

天穹宝殿位于北京紫禁城内廷东路、东
小长街北段钦昊门内，东临东筒子路，西邻
景阳宫。始建于明代，初名玄穹宝殿。清顺
治朝改建，后避康熙皇帝讳更名为天穹宝殿。
天穹宝殿大殿有五间，东西配殿各三间，是

玉皇大帝像

故宫建筑上的五脊六兽

三合院式的庭院。正殿内供奉昊天大帝。

昊天大帝俗称玉皇大帝，道教称天界最高主宰之神为玉皇大帝，犹如人间的皇帝，上掌三十六天，下握七十二地，掌管一切神、佛、仙、圣和人间、地府之事。亦称为天公、天公祖、玉帝、玉天大帝、玉皇、玉皇上帝。

据《玉皇本行集》记载：光明妙乐国王子舍弃王位，在晋明香严山中学道修真，辅国救民，度化众生，历亿万劫，终为玉帝。虽然玉皇大帝的地位很高，但受的香火却不多，这大概是由于其缺

故宫建筑飞檐

乏实用性的缘故，所以在人们心目中的地位反不如玄天皇帝高。

在玄穹宝殿内，除了昊天大帝的雕像外，还有吕祖、太乙天尊等诸神的画像，在大高玄殿、钦安殿和玄穹宝殿内，贮藏着全套的道经。每逢年节，在这里都要设道场、做法事。

道场的内容包括天腊道场、圣诞道场、万寿平安道场。天腊道场：据说腊月二十五日是玉皇大帝的出游日，他下到凡间进行巡视，考察人间的善恶祸福，这天就要举办道场，以此来迎接玉皇大帝的光临。圣诞道场：正月初九为玉皇圣诞，俗称玉皇会，传言天

清代，满族的王公大臣定期来皇宫参加祭祀典礼

上地下的各路神仙，在这一天都要隆重庆贺，玉皇在其诞辰日的下午返回天宫。是时道教宫观内均要举行隆重的庆贺科仪。这天要进行祝寿仪式，诵经致礼。万寿平安道场：是皇帝万寿节那天举办的道场。一般天腊道场是请外面的道士承办，其余的则由皇宫内的道士来承办。

天穹宝殿不设有首领太监，由景阳殿的首领太监监管，太监有八名，专门负责烧香、打扫、值班等事宜。

自明代开始，宫中道场的太监道官和道士都由宫外的大高玄殿来统一培养，包括诵经、做法事等内容，法师主要来自白云观。遇到重要的道场法事，也多请白云观的道士进宫来主持。

（二）清代的萨满教

满族在游牧时期崇拜以万物有灵为核心的萨满教，祭祀的对象包括和他们生活密切相关的各种神灵。到清朝定都盛京时，皇宫内便设有专门做萨满祭祀的堂子，但是祭祀的内容却发生了变化，主要是祭祀佛、菩萨、关公等神，从中我们也可以看出汉文化对满族的影响。清军入关之后，顺治元年就在长安左门外的玉河桥东建立了堂子，作为皇帝与文武大臣祭祀的正式场所。

堂子，是满族于关外时祭天祭神之场所。初，庶民百姓亦设有堂子。崇德元年（1636年）皇太极下令民间禁设，堂子成为清代宫廷专有的祭天祭神之地。据《大清会典事例·堂子规制》载："顺治元年（1644年），建堂子于长安左门外，玉河桥东。"

昭梿《啸亭杂录》载："国家起自辽沈，有设杆祭天之礼，又总祀社稷诸神祇于静堂，名曰：'堂子'……既定鼎中原，建堂子于长安左门外，建祭神殿于正中，既汇祀诸神祇者，南向前为拜天圆殿，殿

在清代，坤宁宫是皇帝私人的萨满神殿

故宫中的宗教仪式

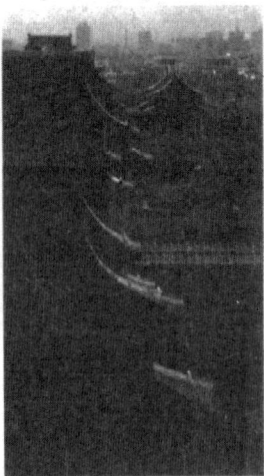
充满神秘色彩的深宫大院

南正中设大内致祭立杆石座次。次稍后左右分设石座各六行……"

吴振棫《养吉斋从录》载："顺治元年，建堂子于长安左门外，玉河桥东。元旦必先致祭于此，其祭为国朝循用旧制，历代祀典所无。又康熙年间，定祭堂子，汉官不随往，故汉官无知者。询之满洲官，亦不能言其详，惟会典诸书所载。"

在清代，坤宁宫是皇帝私人的萨满神殿，堂子是所有满族贵族的祭祀教堂，康熙帝明确规定汉族大臣可以不参加堂子的祭祀仪式，满族的王公大臣不仅自家可以设立堂子，还可以定期来皇宫参加这里的祭祀典礼。

祭祀的内容主要是在堂子的亭式殿、尚锡亭内挂上纸钱，春季和秋季在堂子内立杆大祭；四月初八也有祭祀和堂子的祭马活动。祭祀活动中供奉的食物也有所不同：春秋立杆大祭供着打糕搓条饽饽，其他祭祀中正月供馓子，五月供椴叶饽饽，六月供苏叶饽饽，七月供浆糕，八月供蒸饭饺子，其余月份用酒糕供献。

堂子祭祀的内容很多，仪式程序复杂，但是它们有很多相似之处。内容最为完备的是立杆大祭。立杆大祭供奉佛、菩萨、关公以及武笃贝子，是满族最古老的祭祀活动之一。

祭祀前一个月，宫中便派人去延庆县砍一棵长2丈，直径有5寸的松树，留下树梢的枝叶9束，其余的砍下，做成神杆，神杆用黄布包好送到堂子里存放。

祭祀的前一天，在亭式殿中央的石头上把神杆立起来，在飨殿中间挂起神幔，北炕西边设供诸神的佛亭，摆放好各种供桌供器。在进堂子门内的甬道上，用凉席铺路，旁边

满族饽饽

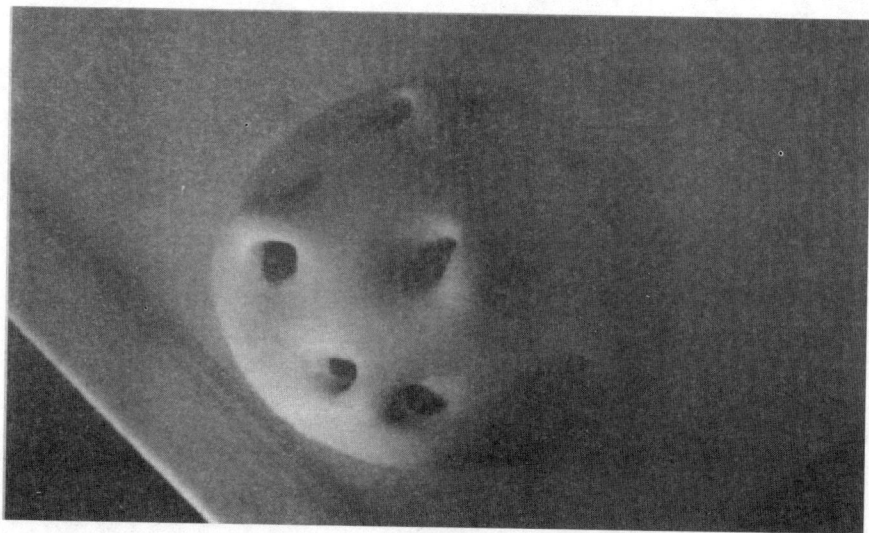

两侧摆下 32 座红灯。

祭祀的当天，由身穿金黄缎衣的八名太监抬着黄缎神轿经由内左门、龙光门、景和门来到坤宁宫外，坤宁宫的两名太监将菩萨像、关公像和释迦牟尼像分别安放在神轿内，由八名太监抬到乾清门外。等候在这里的太监、侍卫等将祭祀用的供品、供酒一起抬走，随行来到堂子。

众人进门，穿过甬道，来至飨殿，将佛像供于西边的佛亭中，菩萨和关公画像挂在北墙之上。从北墙中间挂环上拉出一根绳，系在屋外的神杆上，绳子上面挂着黄色、绿色、白色纸钱各九张，另由亭式殿内拉出一根绳与神杆相系，绳子上挂着黄色的神幡。

飨殿内供奉着打糕搓条饽饽九盘、清酒三盏。亭式殿内供奉着打糕搓条饽饽三盘、清酒一盏。手拿三弦琵琶的太监两人在飨殿外丹陛西面站着，击板的二十名侍卫在丹陛两旁对坐。

满族祭祀用木斗

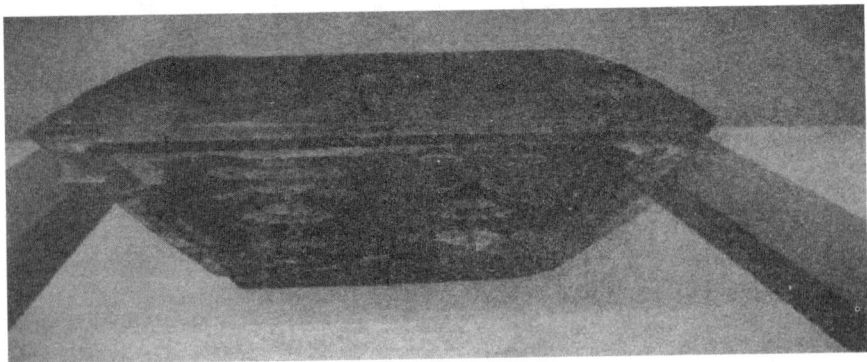

满族文物——瓷器

　　祭祀仪式开始时，主祭官两人进入飨殿，两名主香官举起两盏清酒给主祭官。当主祭官接过清酒叩头之后，便将酒倒入两边的瓷缸之中，再盛新酒倒入盏中，这样要反复九次。每次献酒后，拍板和琵琶一起奏起，唱礼赞的歌曲，气氛十分热烈。

　　飨殿祭祀过了之后，一位主祭官来到亭式殿内，另一位飨殿主香官手拿神刀，来到亭式殿中，两人手拿神刀，一起叩头，起身唱礼赞的歌曲，这样的动作也要重复三次，仪式才算结束。他们再一同回到飨殿之中祷告三次，然后将佛、菩萨、关公一起依照来坤宁宫的仪式请回坤宁宫安供。

　　如果皇帝也来参加，便在飨殿与亭式殿内设被褥，

清代龙旗官服
补子

武备院设坐褥于飨殿外西边。皇帝来了以后面东而坐，丹陛两旁除了主祭官以及奏乐的太监外，依次列王公大臣、贝勒等，丹陛下站贝子等人。仪式开始时，主祭官祷告三次后，皇帝进入飨殿内行礼、亭式殿内行礼，然后回坐，主膳官手捧小桌，上面罗列着各种供品献至飨殿的神前，这个仪式就彻底结束。皇帝回宫后，将所供的点心和酒赏赐给扈从的侍卫、官员和参加祭祀的人员。

堂子祭礼是征服者精英集团的国家级祭礼，参加者都是满洲的贵族、八旗官员和满族高级文臣武将。在堂子里的祭祀仪式也可视为爱新觉罗氏的祭祀仪式，皇帝、皇子和皇族贵公的神杆就体现了这方面的意义。在春季和秋季的祭祀大典期间，当皇帝行过祭礼后，王公也立起自己的神杆举行典礼。这种做法和其他部落（他们的神杆都被主要家族垄断）的做法不同。

五 故宫中的礼仪制度与习俗

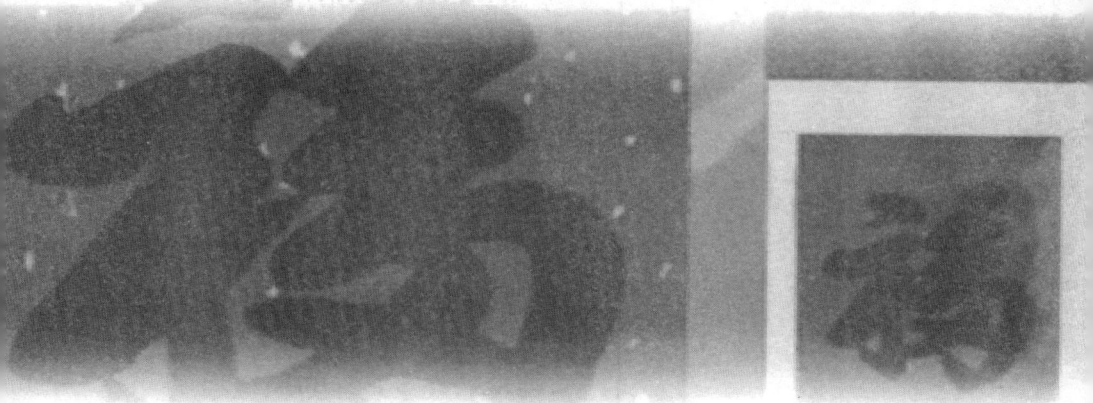

故宫是明清两代的统治中心

故宫，作为明清两代的统治中心，承载着国运的兴衰。当时全国的政令由此发出，通过分布在全国各地的官僚网络体系，实现了对广袤而富饶的国土的治理，同时皇帝与大臣又根据反馈而来的意见制定新的决策。在这庄严、肃穆的皇宫中，宫规与礼仪制度的存在，使得统治者对其天子的身份更加确定无疑，加强了对全国的管理，然而在统治者的背后，又隐藏着许多宫廷的秘密。

（一）故宫中的隆重典礼

清朝，宫廷典礼繁多，其中最为隆重的典礼是皇帝登极和朝会。

登极典礼标志着皇权的移交，预示着新君

主政治生涯的开始，历代的皇帝对登极大典都很重视。

登极大典前，先由钦天监官员选择良辰吉日，告知各地相关机构进行准备。典礼前一日，皇帝亲自或派遣官员祭告天、地、太庙、社稷。典礼的当日，天刚拂晓，步军统领率领所属军队，进入指定区域进行严格防守。

内阁官员和礼部鸿胪寺官员进入太和殿，将玉玺所在的宝案摆于殿内御用宝座的南面正中央，将文武百官所呈交的贺表表案摆于殿内东间的南面，将皇帝诏书所放的诏案置于殿内东间之北，将放置笔墨砚台的砚案摆于殿内西间，另设一黄案放于丹陛上正中央。

此刻，銮仪卫率官员在太和殿两侧陈列法架仪仗，在太和门外两侧设置玉辇、金辇，午门外则有玉辂、金辂、象辂、木辂、革辂五辂以及宝象，天安门外列朝象。此外，在午门外还放有抬诏书的龙亭和抬香炉用的香亭。

故宫建筑屋顶金碧辉煌的琉璃瓦当

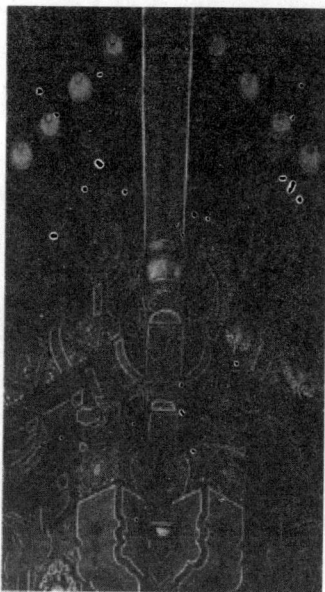
故宫建筑彩绘

故宫中的礼仪制度与习俗

太和殿檐下则设有中和韶乐和丹陛大乐。接下来，司管礼仪的官员将表文、诏书、笔砚放在表案、诏案和砚案上。大学士率领内阁学士到乾清宫取出皇帝的玉玺，由内阁学士毕恭毕敬地捧着，大学士随行，将玉玺送到太和殿御座南面正中的玉案上。文武百官身穿朝服，在太和殿前两侧按照品级站在品级山后，等待皇帝驾临。

万事准备妥当后，礼部堂官奏请身穿白色孝服的皇帝在乾清宫内先帝的灵前受命，行三跪九叩大礼，然后到殿侧更换皇帝礼服，再到皇太后后宫行三跪九叩大礼。

皇帝由乾清门出来，来到中和殿，一路

壮观的故宫建筑群

上礼部堂官在旁边导引，内大臣十员以及豹尾班、执枪侍卫随行。到了中和殿，升座，皇帝受官员的三跪九叩大礼，礼毕，官员们退至外朝就位，礼部尚书跪请皇帝即位。于是皇帝到太和殿升宝座，即皇帝位。

皇帝即位后，午门钟鼓鸣响，丹墀阶下鸣鼓静鞭。然后，在鸣赞官的带领下，丹墀上的王、公及丹墀内的文武百官行三跪九叩大礼。礼毕，大学士从太和殿的左门进入，从诏案上捧着诏书，放在玉案上，由内阁学士用玉玺在诏书上盖印，再将诏书捧出，交至礼部司官，由礼部司官捧着，在黄盖的导引下，出了太和门，经过午门、端门，来到天安门昭告天下。此时，丹墀

明清两代有多位皇帝在太和殿举行登极典礼

下再次鸣鼓静鞭，皇帝离开宝座，来到乾清宫，在殿侧换回孝服居丧，登极大典结束。

清代的登极大典冗长、繁杂，许多年老多病的大臣都有不堪重负之感，而在清末登极的皇帝均为孩童，如同治、光绪、宣统，他们登极时年龄在三四岁之间，在登极典礼上也难免闹出笑话。

宣统帝的登级大典于光绪三十四年十一月，在太和殿举行。当时3岁的溥仪，被人抱上太和殿威武的宝座后，年幼的他不知道发生了什么事，哭闹不停，吵着要回家。这时，他的父亲摄政王载沣，急得满头大汗，不知所措，劝着溥仪说："别哭，别哭，快完了，快完了。"典礼结束以后，

故宫珍藏的历史文物

当3岁的溥仪被抱上太和殿的宝座时，
年幼的他还不知发生了什么

故宫中的礼仪制度与习俗

故宫内的宝鼎

大臣们议论纷纷，认为载沣的话是不祥之兆。不出所料，三年之后，清王朝便在辛亥革命的浪潮中宣告灭亡，这也是对繁复异常的登极大典的一种绝妙讽刺。

同样，朝会也体现出宫中礼仪制度的复杂和冗长。每当有皇帝即位、大婚、册封皇后或每年元旦等节日，皇帝便会在太和殿中接受文武百官和外国使臣的祝贺，这就是皇帝的朝会。

每次朝会的清晨，銮仪使率官校早早地把朝会所需要的各种陈设摆放整齐：在午门外是绚丽华美的金、玉、象、木、革五辂和驮着宝瓶的大象，太和殿门外是皇帝乘坐的步辇，太和门内东西檐下是由云锣、手鼓、大鼓等乐器组成的丹陛大乐。

太和殿前是由五百多件金银器、木制的武器和伞、盖、旗等组成的仪仗执事，太和殿东西檐下是由编钟、琴、笙等乐器组成的中和韶乐，太和殿露台上有九对宝鼎和两对铜龟，铜鹤内香烟缭绕，芳香沁鼻。礼部的工作是负责把全国各省的官员

太和殿露台上有九对宝鼎

呈上的贺表置于午门外的龙亭内，太和殿内东边的案桌上则陈放着各王公大臣的贺表。

天还没亮，王公百官及外国使臣便云集在午门外。天明，由鸿胪寺官串引着王公及一、二品官员入右翼门，三品以下官员入左、右掖门，按照品级排列站立在太和殿上和廷院中静候。待钦天监报时，礼部堂官二人到乾清门奏请皇帝御殿。起驾时，午门上鼓响钟鸣，皇帝身穿明黄色龙袍至保和殿下舆，先到中和殿接受侍班、执事、导从等官员行三跪九叩礼，然后在礼部堂官二人及其他人臣的前导后扈下，进入太和殿。

在进入太和殿的时候，中和韶乐乐队开始演

太和殿前的铜鹤

奏"隆平之章",待皇帝缓缓升入镂空金漆雕龙宝座后,麾落乐止。銮仪卫官鸣三下鞭,丹陛大乐乐队奏"庆平之章",王公百官就拜位立跪。乐止,宣表官面北跪宣贺表。读完后,复奏乐,群臣行三跪九叩礼,礼毕乐止。

这时,朝鲜等使臣在鸿胪寺官的引导下,蒙古使臣在理藩院官的引导下立于丹陛西侧,待丹陛大乐乐队奏"治平之章"时,向皇帝行三跪九叩礼。然后,皇帝赐坐、服茶。最后,銮仪卫官再三鸣鞭,鞭声响后,鸿胪寺官向皇帝报奏"礼成"。于是,在中和韶乐乐队演奏的"显平之章"乐声中皇帝还宫,群臣退朝。

在元旦、冬至、万寿节的朝会以后,皇帝还要回到乾清宫,分别接受皇后、妃嫔和皇子等人的朝贺。中午,皇帝在太和殿内设宴款待文武百官和外国使臣,

清代，皇帝在太和殿举行朝会，十分隆重

开宴时，由礼部官员奏请皇上御殿。入宴人员在向皇帝进行一番跪拜仪式后，向皇上进茶，然后受茶，进酒、受酒，进馔、受馔。这一整套礼仪叫做"赐宴"。

朝会的隆重举行，向世人彰显了皇权的神圣高贵和不可侵犯。

（二）故宫中的节令俗制与服饰习俗

元旦与除夕是自古流传下来的重大节日，在民间人们往往会热烈庆祝这些节日的到来，那么在宫廷里皇帝大臣们又是如何庆祝这些带有纪念性的日子呢？在这里我们以清朝为例来作简要的说明。

元旦为一年之始，万象更新之日。元旦

清代公主的精美发饰

这一天，民间有"贺岁"和"送财添财"等习俗。清代建国后，特别是定都北京以后，满洲贵族受到汉族风俗的影响，在改造其旧俗和明代宫廷的基础上，形成了清宫特有的一套年俗制度。

元旦贺典从半夜子时开始，这天皇帝起身后，太监就将事先准备好的水果、蜜饯等食品摆好一桌，并恭请皇帝吃苹果，取"岁岁平安""甜甜蜜蜜"之意。

子正一刻，皇帝至养心殿东南室行开笔仪。案桌上摆放了"金瓯永固"的金杯，内有屠苏酒，玉烛一支，朱漆雕云龙盘一个，内盛古铜八祇吉祥炉和香盘二个，特质御笔数支，笔端及笔管分别镌刻有"万年青"和"万年枝"字样，御用明黄纸笺若干。

皇帝饮酒后亲手点燃玉烛，再将御笔在吉
祥炉上熏香，然后行笔书写。先用朱笔，
再用墨笔，各写吉祥数字，以图新年大吉
大利，"以祈一岁之政和事理"。

　　比如，嘉庆元年，嘉庆帝颙琰在开笔
仪式上，就是先用朱笔在黄笺中心写了"嘉
庆元年，元旦良辰，宜入新年，万事如意"
一行四句。再用墨笔于其右写"三阳启泰，
万象更新"，于其左写"和气致祥，丰年
为端"。

　　举行开笔仪式后，皇帝才用笔行文写
字。由于养心殿东南室门额书写"明窗"
二字，开笔仪又叫做"明窗开笔之典"。

故宫珍藏文物——雍正青花胭脂红
缠枝莲纹螭耳樽

金瓯永固金杯

此仪肇始于清世宗，以后各代清帝皆奉行不辍。

开笔仪后，皇帝率宗室王公、贝勒及满族一品大臣来到长安门外玉河桥东的堂子，行祭天之礼。

祭堂子毕，圣驾还宫，皇帝与皇后去坤宁宫祭神。坤宁宫是故宫三宫之一，明代为皇后正宫，清代用作祭祀神之所和皇帝大婚时的新房。坤宁宫所供神灵和祭祀方法与祭堂子十分相似，只是规模比祭堂子小。

元旦堂子祭天与坤宁宫祭神，目的是祈求神灵在新的一年中保佑大清国国运昌盛、家族安康。

然后皇帝赴奉先殿祭奠祖先及神位，再率王公大臣、侍卫、都统以及尚书以上官员诣慈宁宫向皇太后行朝贺礼。皇帝行礼毕，皇后率公主、福晋、命妇行礼，接着，京官及地方官向皇太后俱表致贺，并于午门外行礼。

天明时分，皇帝御太和殿宝座受外廷文武百官的朝堂贺岁，是谓"元旦大朝贺"。届时太和殿前设黄案，亲王、贝勒、贝子、群臣及朝鲜、蒙古、安南等诸外藩王子、贡使咸列班次。王、贝勒立丹陛下。群臣自午门之右的西掖门入宫，外藩自午门之左的东掖门入宫。班次既定，奏中和韶乐，群臣及外藩依照品级高低先后向皇帝行三跪九叩礼。

元旦朝贺是清以前历代王朝的惯制。清代朝贺礼中，除堂子祭天、皇太后受朝贺为新加的内容外，其余大都是从前代沿袭而来，它反映了满清宫廷礼仪风俗对汉族宫廷礼俗的继承与发展。

坤宁宫东暖阁

故宫中的礼仪制度与习俗

除夕也是清代宫廷中的重大节日。入关以后，清宫在继承明宫习俗的基础上，逐步形成了一套富有民族特色的除夕风俗。

宫中的节日庆祝从一进入十二月就开始了，每年的十二月初一，宫中有"赐福字仪"，也就是皇帝将亲笔书写的"福"字赏赐给后妃各宫以及诸臣，以示天子"赐福苍生"之意。十二月十五至二十七日，皇帝在重华宫分批召见御前大臣、侍卫及诸王公大臣、内廷翰林等至乾清宫赐"福"字。

其仪式是：皇帝于重华宫登御座，首领太监备高案笔墨，"皇帝亲洒宸翰"，在饰有龙纹的龙笺上书写"福"字。每写一幅，召一王公大臣来至玉案前跪等，写毕，由其"叩首拜领"，然后由二太监恭捧御书"福"字领其出宫。

自十二月十七日起，宫中便开始放爆竹以贺岁。爆竹有烟火和鞭炮两种。二十四日以后，皇帝车驾出宫和入宫，

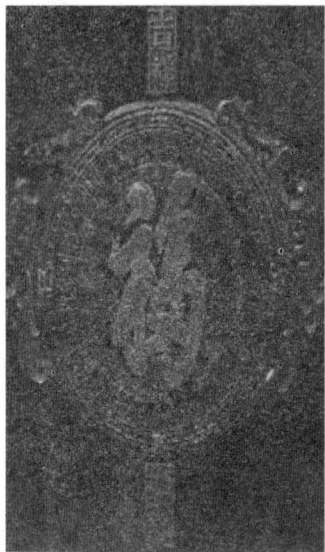

皇帝御笔"福"字

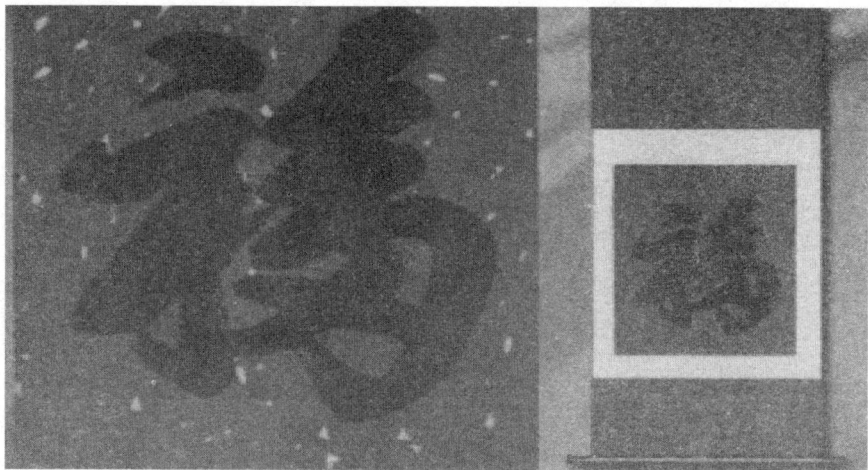

康熙皇帝御笔天下第一福

每过一门内监便放爆竹一枚。因此，宫人从爆竹声中就可以测得圣驾的远近东西。而愈近除夕，爆竹愈盛。

为增添节日的气氛，清宫例于二十四日起每晚在乾清宫上灯并悬挂灯联。届时乾清宫阶上挂万寿灯，阶下挂天灯，灯旁悬挂多幅金字灯联。除夕之夜，又增挂八角圆灯，宫中的两廊、甬道及石栏上亦设灯。每次上灯还有相应的礼赞仪式，如奏"歌火树星桥之章"乐曲等。

除夕，皇帝要在养心殿沐浴更衣，行"封笔仪"。在封笔后至明晨元旦开笔之前，皇帝不再用笔写字，即使有特殊的情况也不例外。据《养吉斋丛录》记载，乾隆时某年除夕，正值平定金

故宫中的礼仪制度与习俗

川战斗紧张之际，这天申时，弘历接得前方有关粮运的奏报需要及时批复，但是封笔仪已过，于是弘历只得"口授近臣缮旨颁发"，而自己绝不动笔。

是夜，与民间祭祖、拜神之俗相同，皇帝也要率家人拈香祭拜祖宗和神佛。传说灶神除夕返回下界，宫中于坤宁宫举行"接神之礼"，将腊月二十三送走的灶神接回。同时宫中以金炉焚烧松枝、柏叶等。宫院中还洒遍芝麻秸，供人踩踏，顺应了民间谚语"芝麻开花节节高"，踩芝麻秸，即取"步步登高"之意。

按照满族旧俗，清宫除夕吃饺子和年糕。年糕是满族传统的年节食品。也是祭祀用的供品。民间多用大黄米或小黄米与芸豆制作，因其黏，故称"黏糕"；"黏"与"年"谐音，又称"年糕"。清宫较民间更为讲究。

清宫除夕、元旦皇帝晚膳均吃年糕。据《膳食档》记载：乾隆四十二年除夕，弘历晚膳有"年年糕一品"；乾隆

灶神像

四十九年元旦，弘历晚膳"用三羊开泰珐琅碗盛红糕一品、年年糕一品"。皇帝吃年糕固然与其饮食爱好有关，但是其中也有不忘先祖和民族传统的含义。

在重要的节日期间，上至皇帝皇后下至宫女太监都要穿上庆典的服饰，清朝的服饰有着鲜明的民族特色，这也为后人的服装设计提供了借鉴和参考价值。

满族最初居住在寒冷的东北地区，畜牧业和狩猎是其主要的生产及生活方式。与此相适应，满族喜欢穿轻暖贴身的裘皮衣服。后来，随着生活地域的扩展，在与汉族和蒙古族的交往中，满族吸取了二者服装的某些形式，形成了本民族以袍褂为主的风格独特、新颖多彩的服装样式。有特色的如箭袖、马褂、旗袍、旗鞋等。

朝服是最隆重的礼服，为国家大典以及重要祭祀时所穿用。朝服包括朝冠、朝袍、朝珠、朝带和朝靴。朝服分为冬夏两种，皇帝冬季朝冠以薰貂或黑狐皮

年糕是满族传统的年节食品

清代皇帝朝服

制成，顶饰三层金龙，缀东珠四颗，并披饰朱纬；夏朝冠用玉草或藤竹编制，亦缀朱纬，只是遇国丧时除去朱纬。

皇帝的朝袍有裘、棉、夹、单、纱多种，供四季穿着。颜色依等级有明黄、蓝、红、月白四种。其中明黄为等级最高的颜色，用于元旦、冬至、万寿节及祭祀太庙等典礼；蓝色用于祈天；红色用于祭朝日；月白色用于祭夕日。明黄色朝袍的服饰分为上衣下裳，分裁而合缝，箭袖、捻襟，肩配披领，腰间作方形腰包为饰，明显保留了满族遗风。

服上绣纹则承袭了前朝礼制，双肩及前胸后背各绣正面五爪龙一，腰围绣行龙五，裳折叠处前后围龙各九，裳正龙二，行龙四，并间绣十二章纹及五色云，裳幅下沿绣八宝平水纹。又披领行龙二，箭袖端正龙各一。皇帝的朝珠以东珠或珍珠制成。珠计108颗，象征着佛教朝暮撞钟108下，寓"醒百八烦恼"之意。用时挂于颈上，垂于胸前。朝带系于腰间，

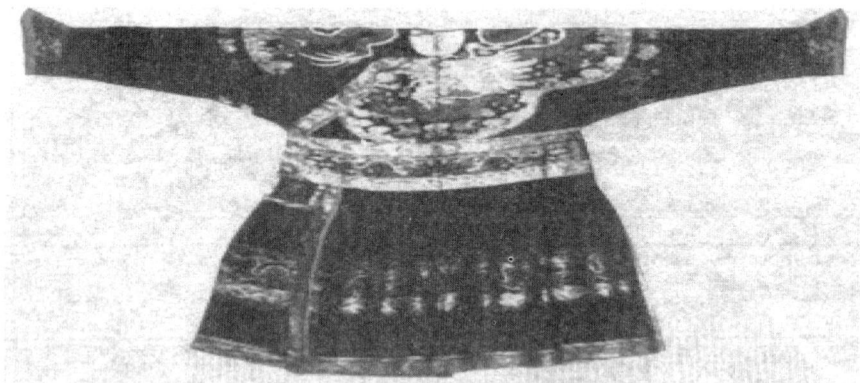

清代官吏绣蟒朝服

有两种形式，一以龙纹金圆版为饰，一以龙纹金方版为饰，色也是明黄。

清代的文武官员服饰上有着等级差别，这要从顶子、花翎、补子上来区分。顶子又叫"顶戴"，清制官员顶子级别分为：一品红宝石，二品红珊瑚，三品蓝宝石，四品青金石，五品水晶，六品砗磲，七品素金，八品阳文镂金花，九品阴文镂金花。

花翎是插在官员朝服冠和吉服冠上的孔雀羽毛，顺治十八年规定：亲王、郡王、贝勒等不准戴花翎；贝子、固伦额驸戴三眼花翎；镇国公、辅国公、和硕额驸戴双眼花翎；非宗室官员五品以上和一、二、三、四等侍卫戴单眼花翎；六品以下和蓝领侍卫戴无眼蓝翎。

补子是缀在王公品官命妇朝服胸前背后，标志

清代官服

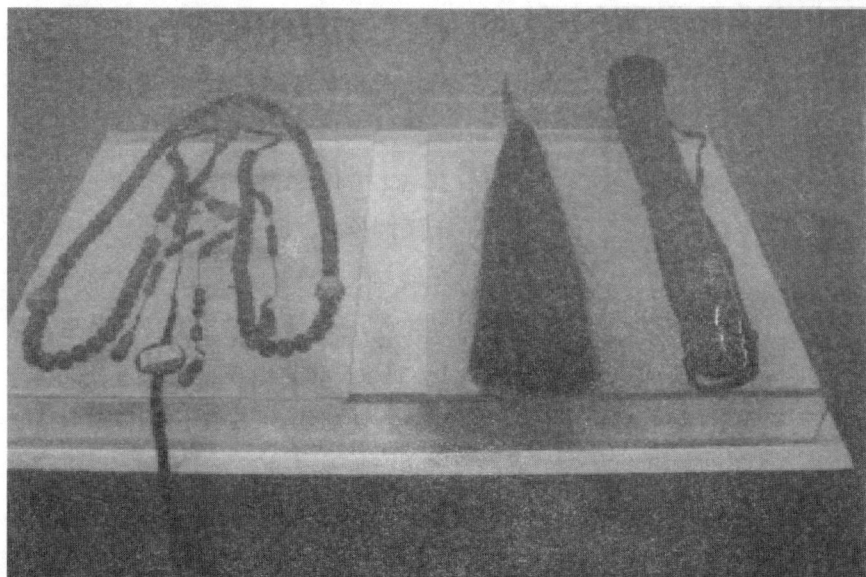

朝珠、花翎

清代官服补子

故宫历经500年的漫长历史，为后世留下了极 为丰富的物质和精神文化遗产

文武品级的图像徽识。清制规定：亲王、郡王、贝勒、贝子等皇亲用圆形补子，绣龙蟒图像。文武品官补子用方形，其中文官图像用禽纹，武官用兽纹。

故宫，这座举世闻名的皇宫，既经历了明清两代封建王朝统治全中国近五百年的漫长历史，也经历了末代皇帝被推翻直到建国、改革开放后的今天所发生的变化，它为后世留下了极为丰富的古代建筑和历史文物遗产，也留下了许多值得记载的历史事件和宫廷逸闻、掌故。在这之中有震惊中外的史事和世人罕知的遗闻轶事，也有明清两代皇室内部的黑暗与肮脏的丑闻。现如今，故宫依然巍峨屹立，金碧辉煌，但它已不再是皇宫禁地。封建王朝的统治，在历史车轮的行进下已经被碾碎，化为烟尘，它已经变成了吸引世界游人前来观瞻的旅游胜地。在新世纪的曙光下，故宫又将为伟大祖国的繁荣昌盛画上绚丽的一笔。

故宫